This Book Belongs to

_____

Thank you for your purchase.

To ensure that you have the best experience using this coloring book and to prevent bleeding, although the illustrations are on one-side, we recommend coloring using pencils.

If you are going to use any kind of ink that may cause bleeding through out the papers, we recommend tearing out the coloring pages or using a buffer page. (you can find blank buffer pages at the end of the book.)

If you find any error that slipped from the reviewer's eyes, or if you have any inquiries or comments, please, contact us at **meducolara@gmail.com**

For the colored version; Scan the QR code at the end of the book

Color Testing Page

This page is intentionally left blank to avoid color bleeding.

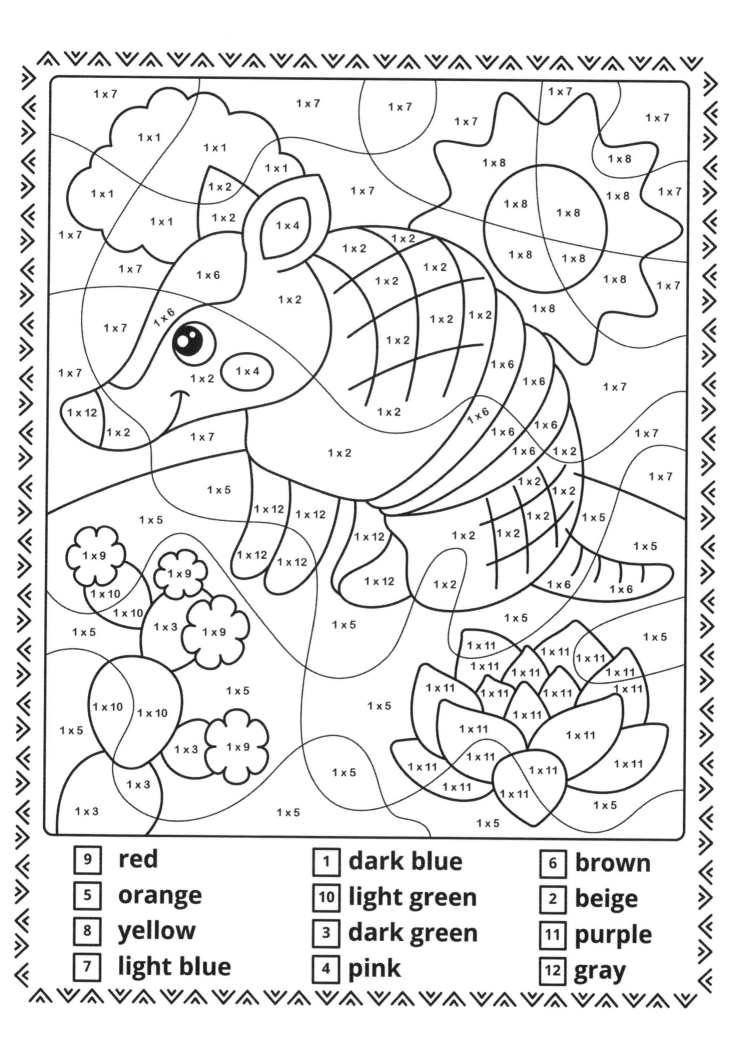

This page is intentionally left blank to avoid color bleeding.

20	light pink	10	light green	16	dark gray
12	dark green	4	light purple	6	beige
2	dark purple	14	dark pink	18	yellow
22	light blue	24	orange	8	light gray

This page is intentionally left blank to avoid color bleeding.

6 red	**27** dark blue	**30** brown
15 orange	**36** light green	**21** beige
12 yellow	**18** dark purple	**24** light purple
33 light blue	**9** pink	**3** dark green

This page is intentionally left blank to avoid color bleeding.

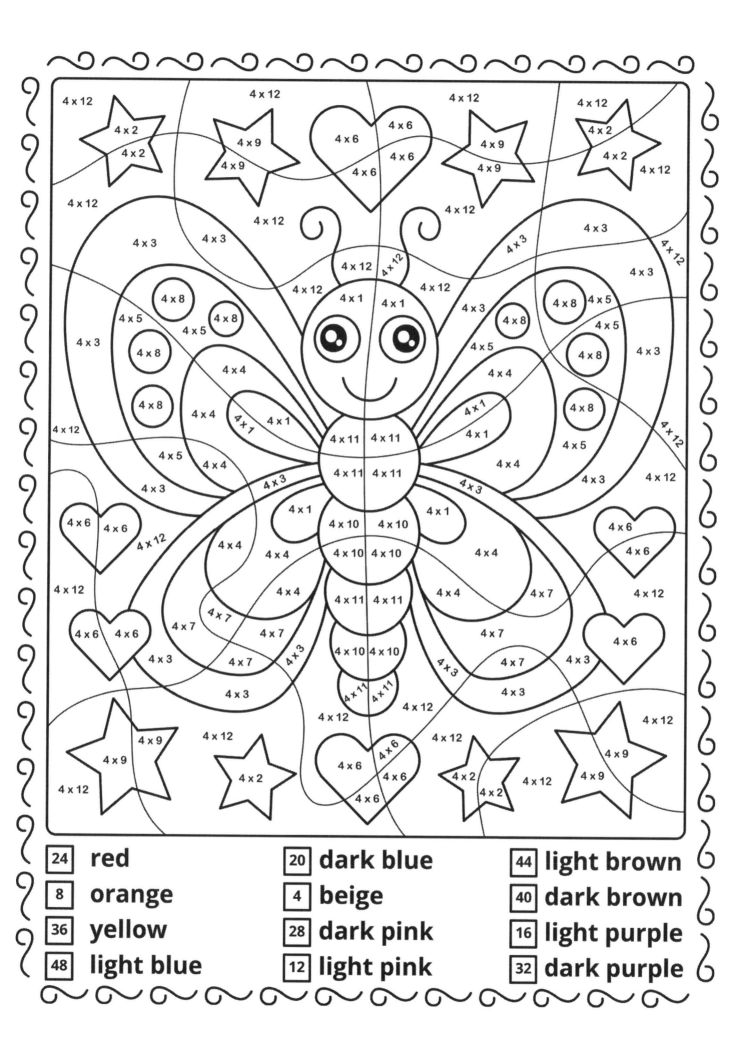

24 red	**20** dark blue	**44** light brown
8 orange	**4** beige	**40** dark brown
36 yellow	**28** dark pink	**16** light purple
48 light blue	**12** light pink	**32** dark purple

This page is intentionally left blank to avoid color bleeding.

45 **light brown** 50 **dark blue** 5 **light green**
20 **pink** 55 **yellow** 35 **light orange**
30 **dark brown** 40 **dark green** 15 **dark orange**
10 **light blue** 25 **red** 60 **gray**

This page is intentionally left blank to avoid color bleeding.

This page is intentionally left blank to avoid color bleeding.

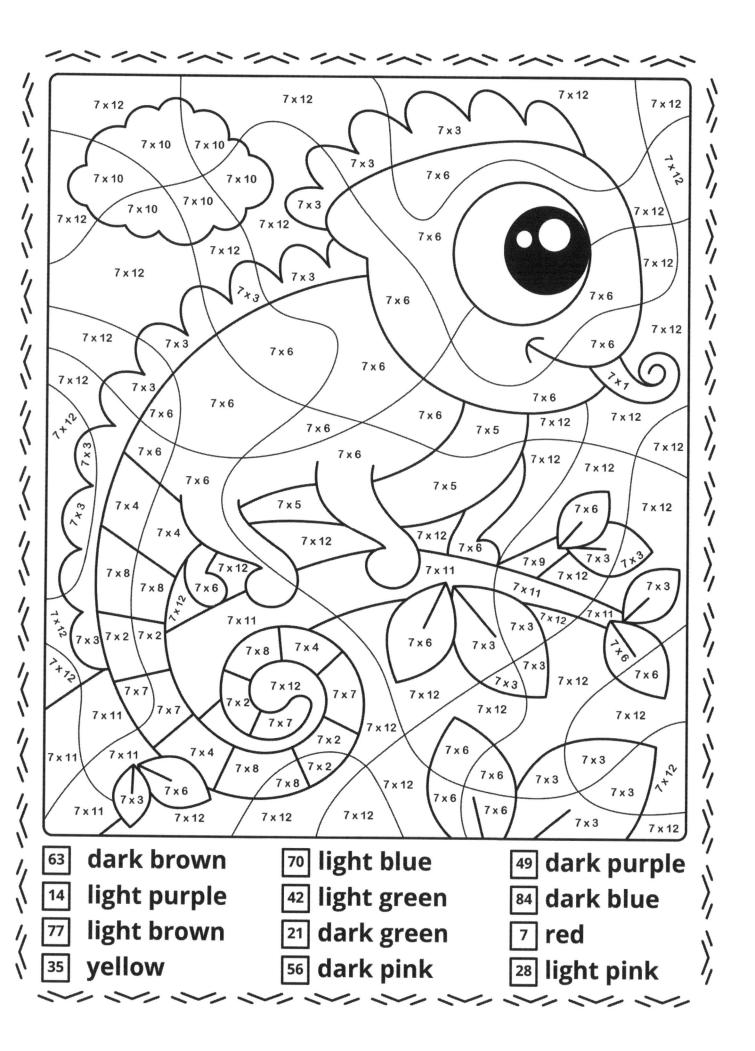

63 dark brown	**70** light blue	**49** dark purple
14 light purple	**42** light green	**84** dark blue
77 light brown	**21** dark green	**7** red
35 yellow	**56** dark pink	**28** light pink

This page is intentionally left blank to avoid color bleeding.

64 red	**96** dark blue	**8** brown
32 light orange	**88** light green	**24** beige
48 yellow	**56** dark green	**40** dark orange
80 light blue	**16** pink	**72** gray

This page is intentionally left blank to avoid color bleeding.

This page is intentionally left blank to avoid color bleeding.

This page is intentionally left blank to avoid color bleeding.

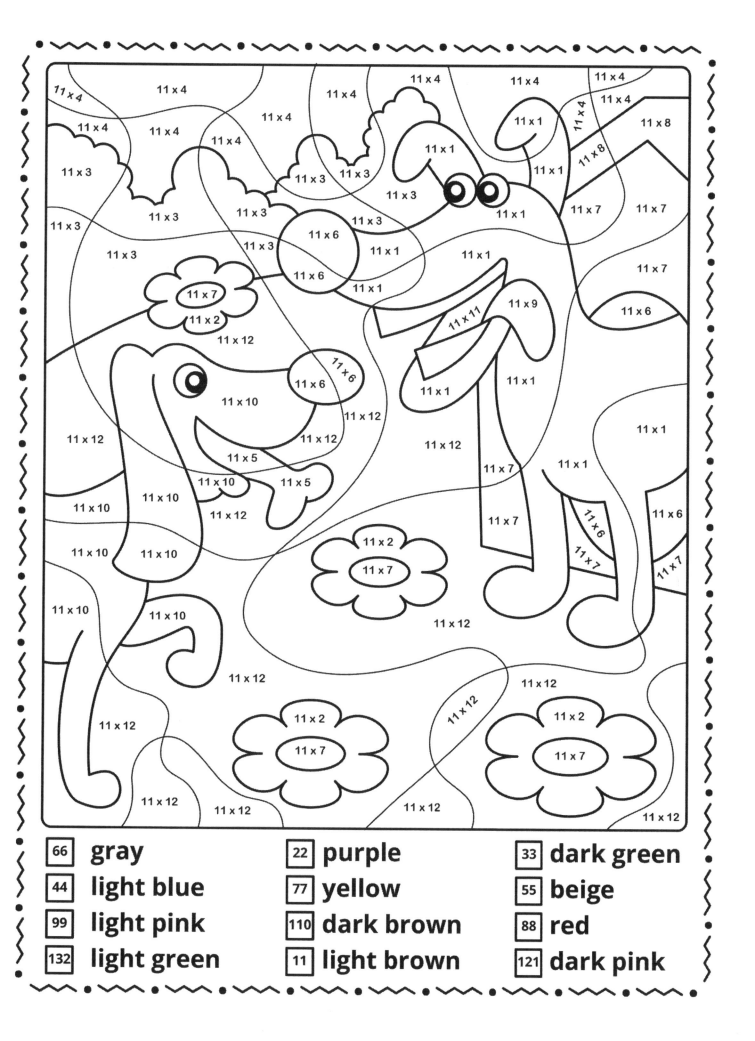

This page is intentionally left blank to avoid color bleeding.

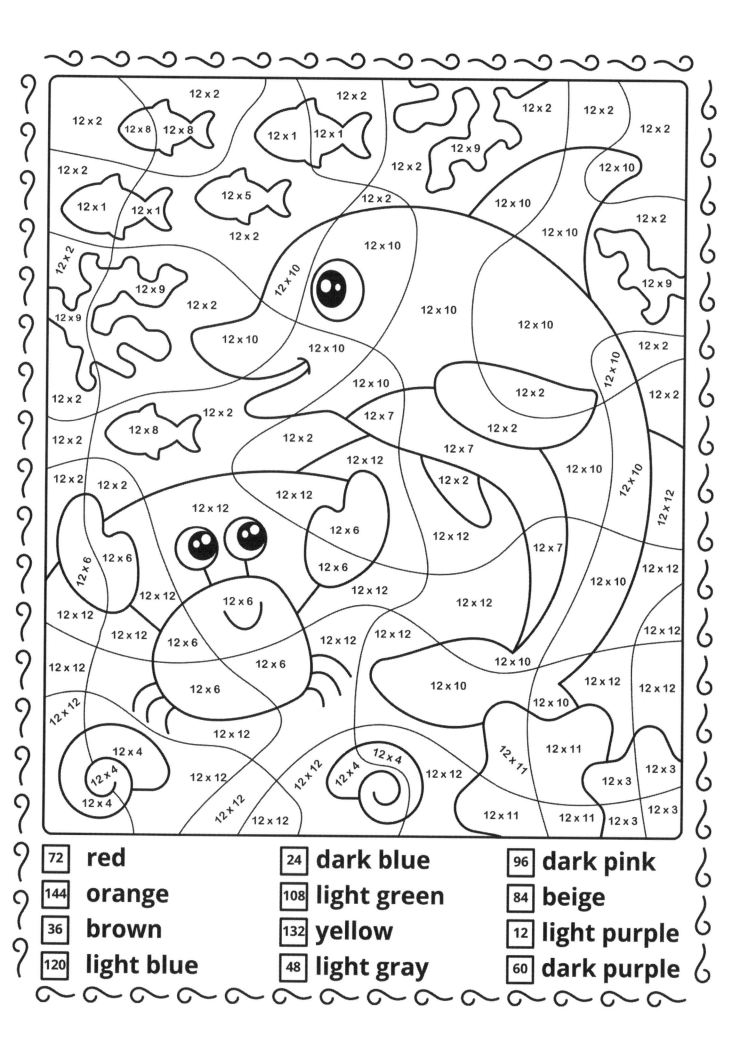

This page is intentionally left blank to avoid color bleeding.

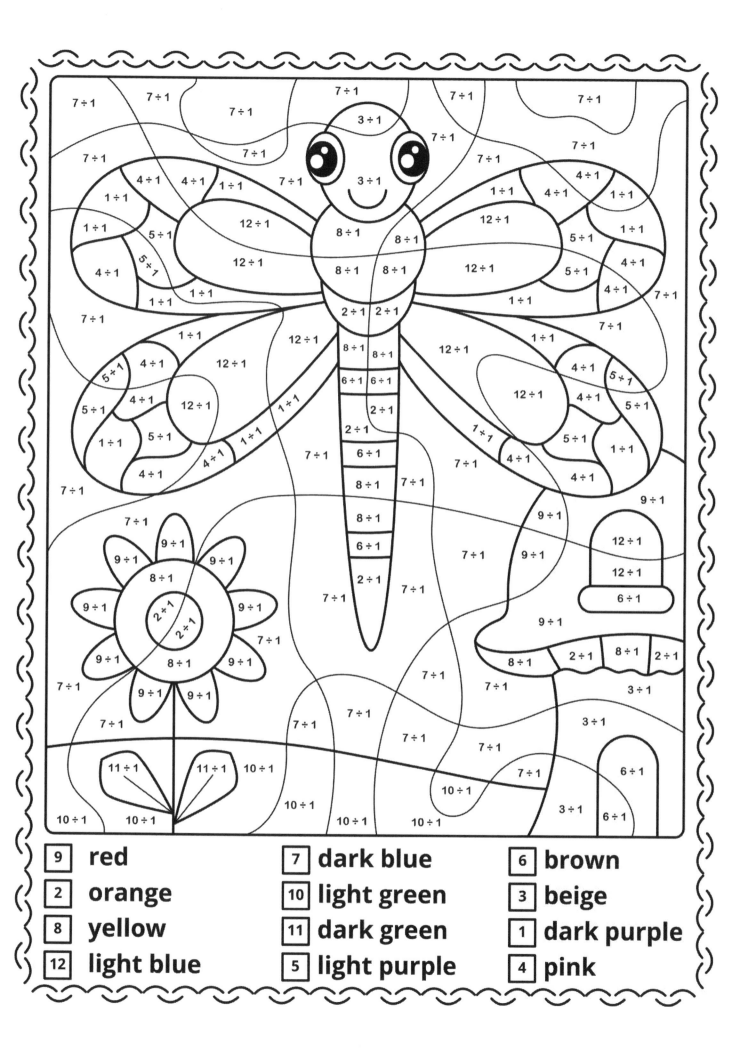

9	red	7	dark blue	6	brown
2	orange	10	light green	3	beige
8	yellow	11	dark green	1	dark purple
12	light blue	5	light purple	4	pink

This page is intentionally left blank to avoid color bleeding.

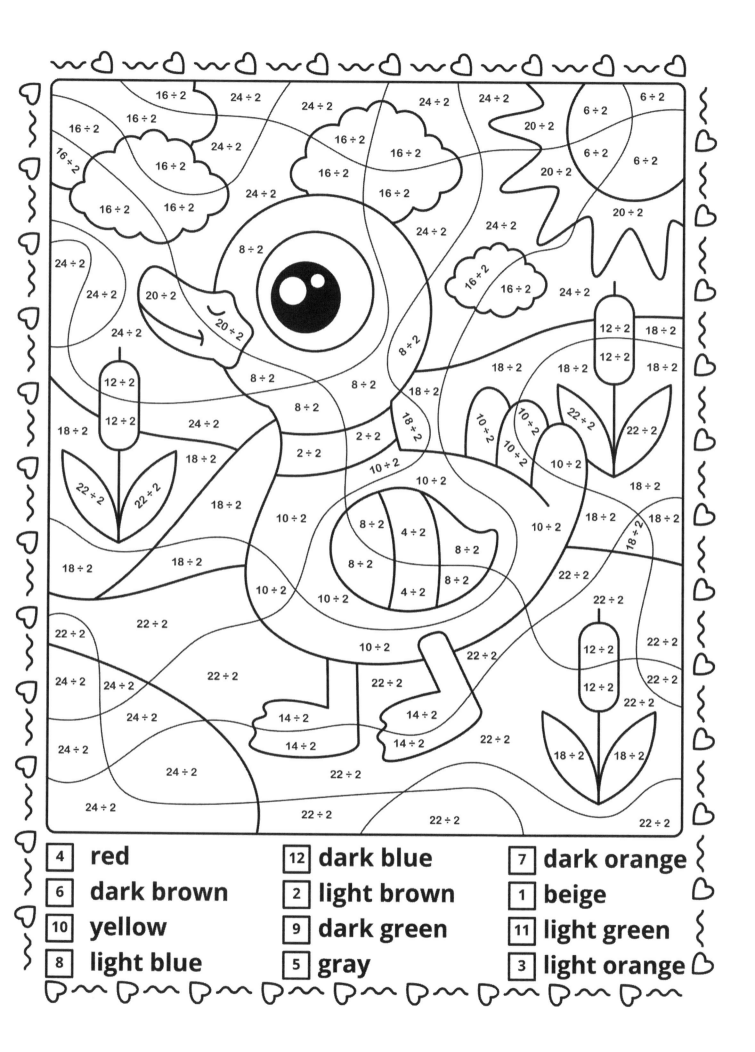

This page is intentionally left blank to avoid color bleeding.

This page is intentionally left blank to avoid color bleeding.

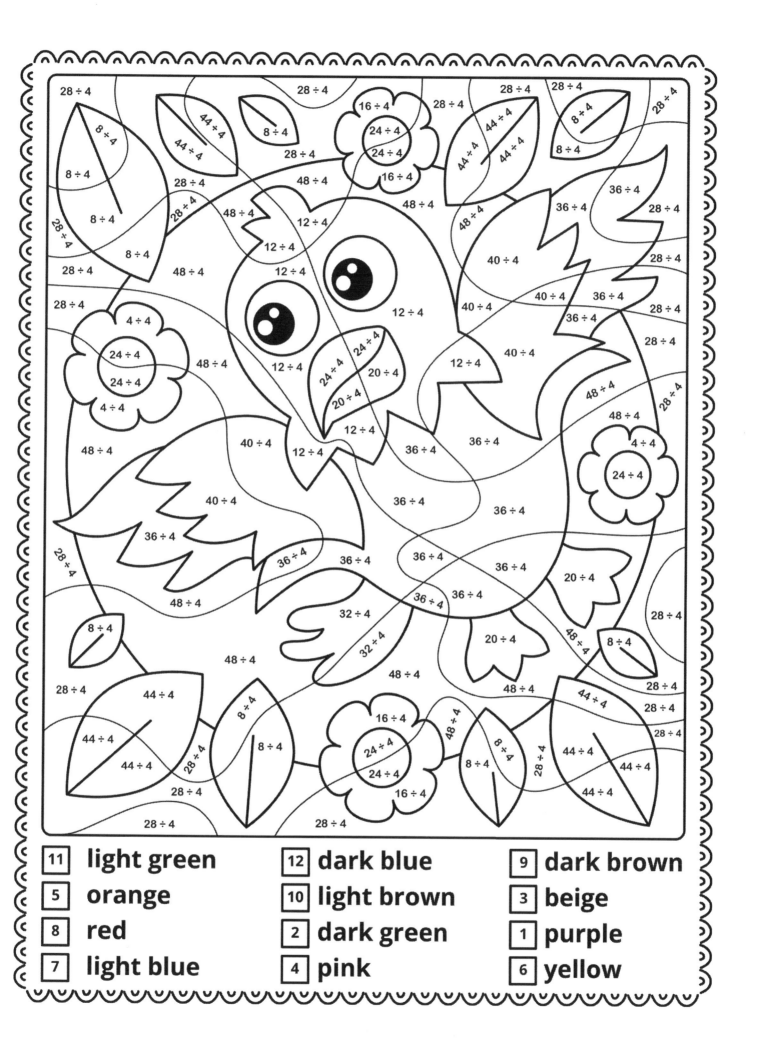

11 light green	**12** dark blue	**9** dark brown
5 orange	**10** light brown	**3** beige
8 red	**2** dark green	**1** purple
7 light blue	**4** pink	**6** yellow

This page is intentionally left blank to avoid color bleeding.

This page is intentionally left blank to avoid color bleeding.

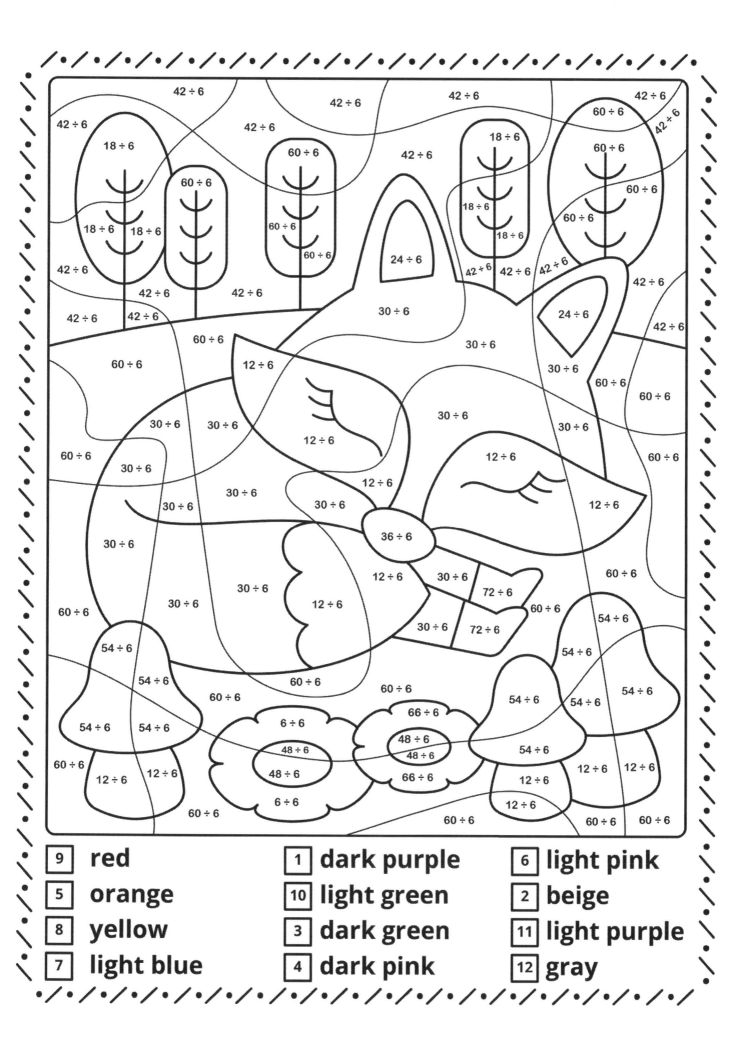

This page is intentionally left blank to avoid color bleeding.

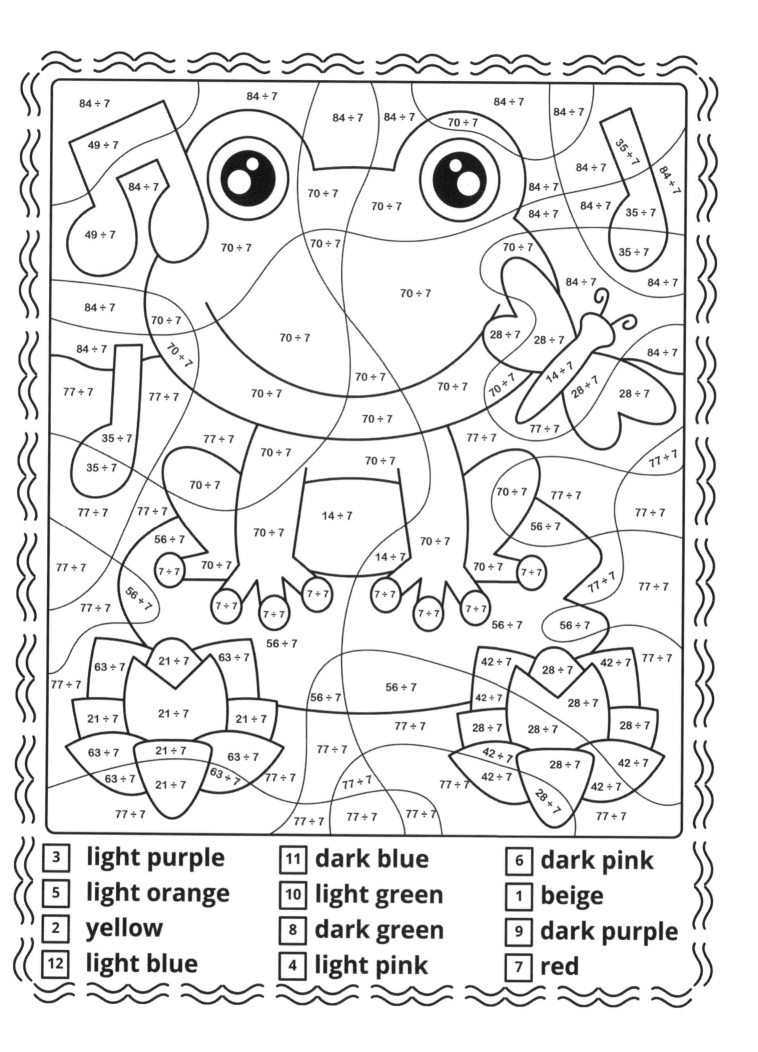

This page is intentionally left blank to avoid color bleeding.

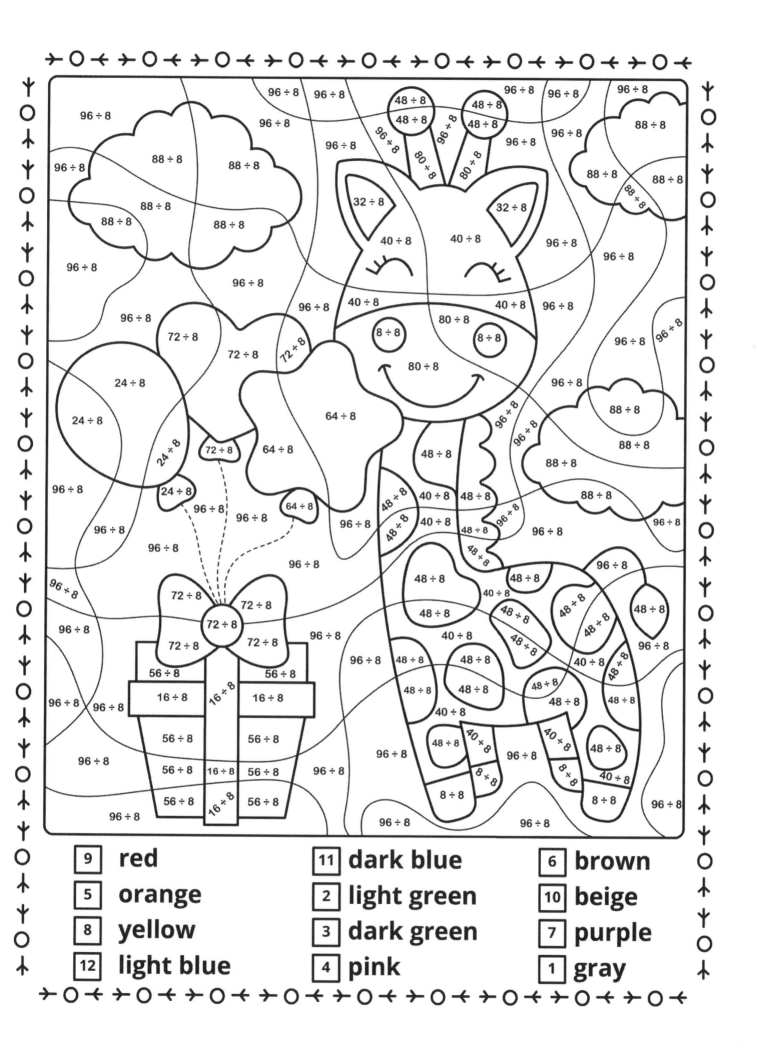

This page is intentionally left blank to avoid color bleeding.

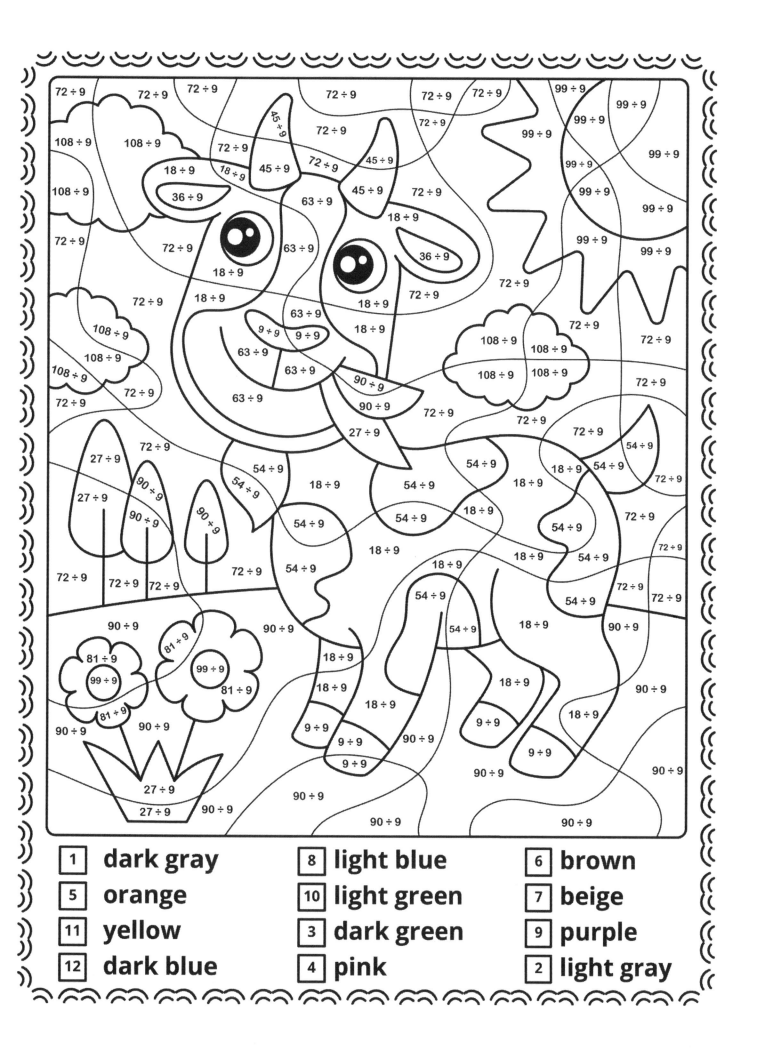

This page is intentionally left blank to avoid color bleeding.

This page is intentionally left blank to avoid color bleeding.

9 dark green	**2** dark blue	**6** orange
5 beige	**12** light green	**10** yellow
8 gray	**3** red	**11** light blue
7 brown	**4** purple	**1** pink

This page is intentionally left blank to avoid color bleeding.

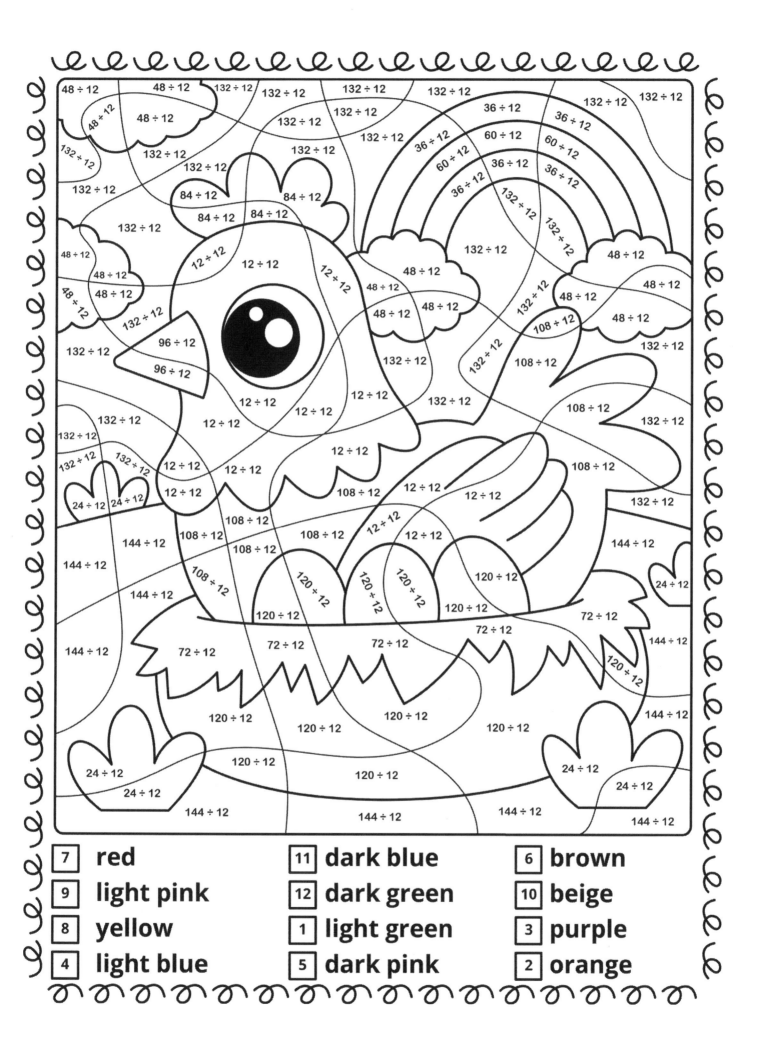

This page is intentionally left blank to avoid color bleeding.

This page is intentionally left blank to avoid color bleeding.

56 red	**49** dark brown	**6** light brown
55 orange	**10** light green	**21** beige
18 yellow	**3** dark green	**108** purple
72 light blue	**2** dark blue	**121** gray

This page is intentionally left blank to avoid color bleeding.

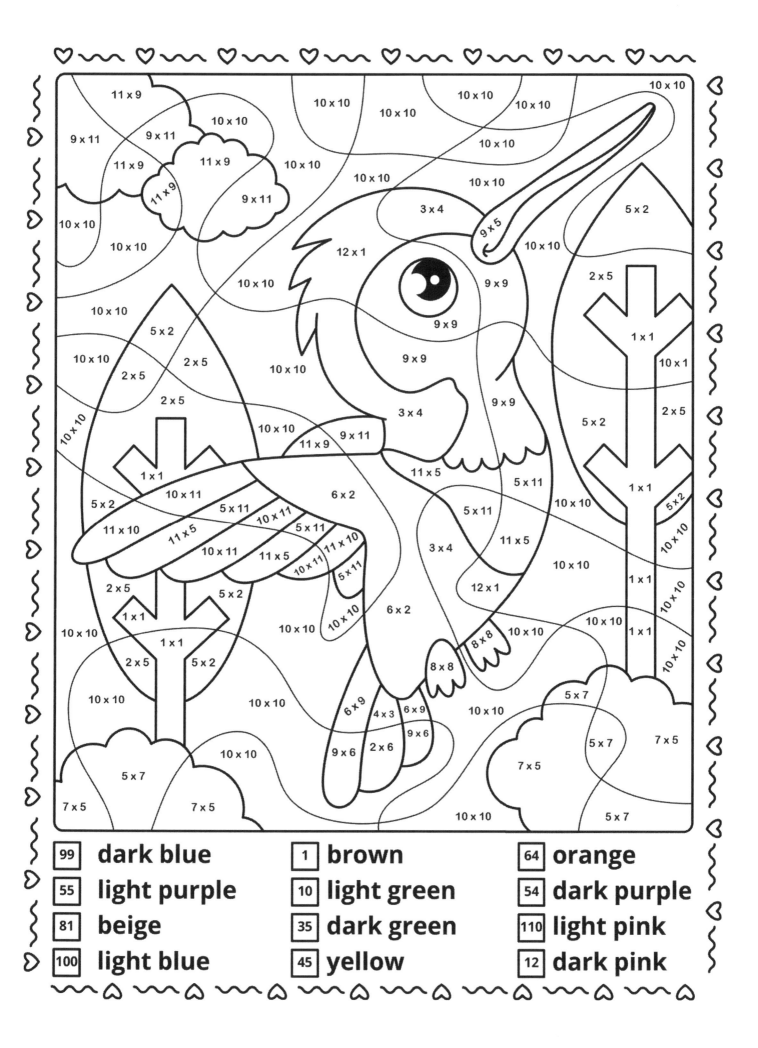

This page is intentionally left blank to avoid color bleeding.

This page is intentionally left blank to avoid color bleeding.

49 light brown	**30** dark gray	**64** dark brown
35 dark orange	**14** light green	**24** beige
88 yellow	**36** dark green	**11** purple
70 light blue	**42** pink	**121** light gray

This page is intentionally left blank to avoid color bleeding.

6 dark green	**1** dark gray	**9** light pink
2 light gray	**5** light green	**10** dark pink
4 yellow	**8** dark blue	**12** purple
7 light blue	**3** red	**11** beige

This page is intentionally left blank to avoid color bleeding.

This page is intentionally left blank to avoid color bleeding.

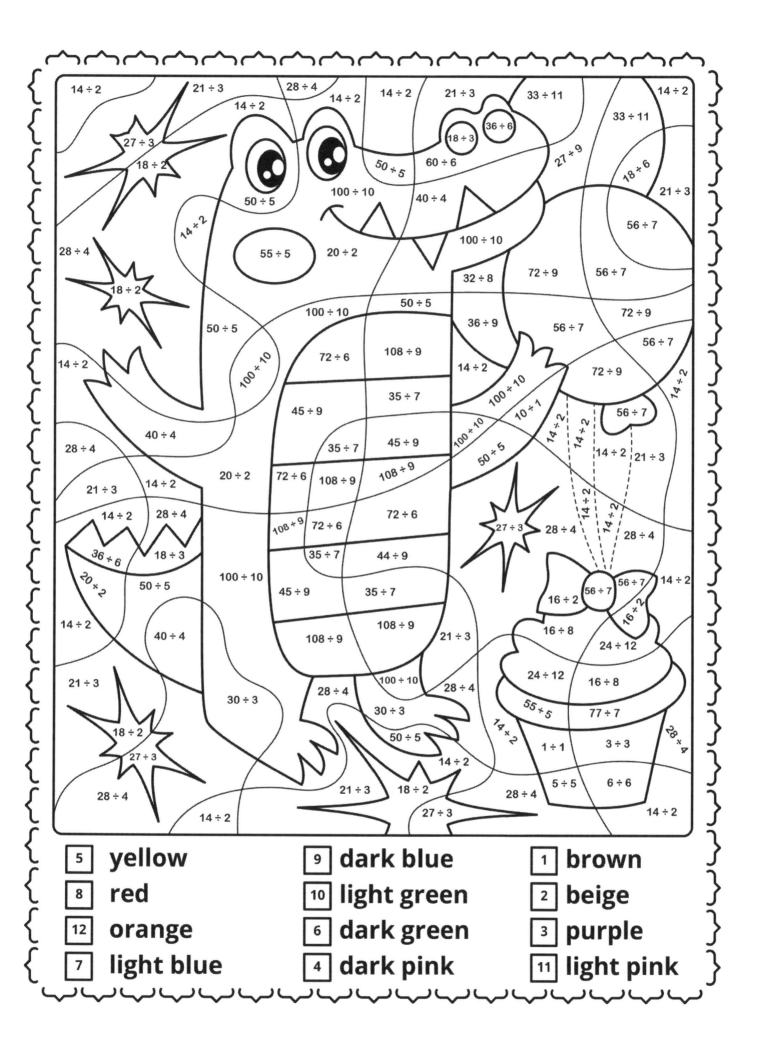

This page is intentionally left blank to avoid color bleeding.

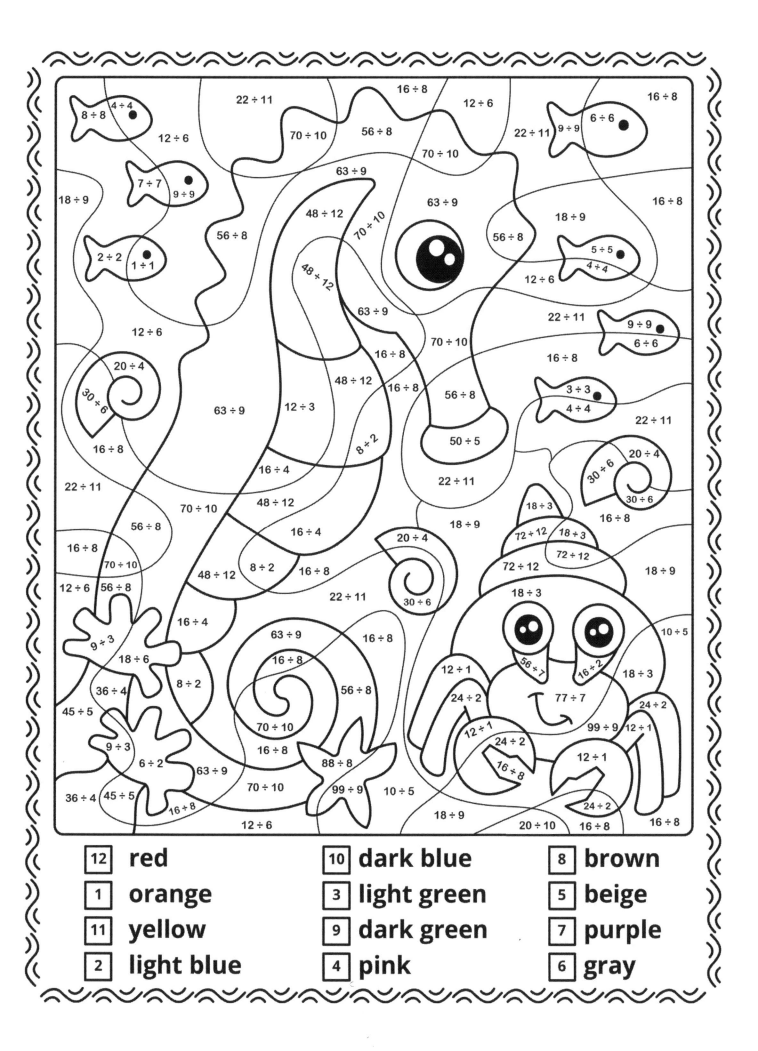

This page is intentionally left blank to avoid color bleeding.

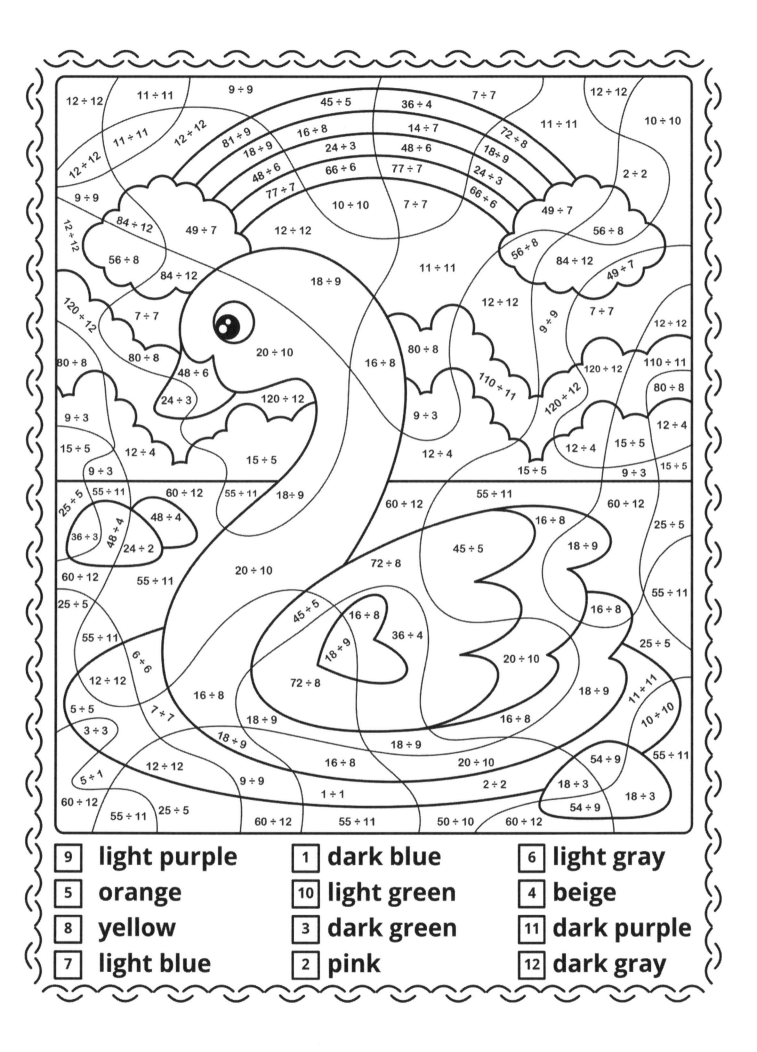

This page is intentionally left blank to avoid color bleeding.

9 dark purple	**1** light brown	**6** dark brown
55 orange	**11** light green	**25** beige
8 yellow	**3** dark green	**12** light purple
28 light blue	**48** light pink	**120** gray

This page is intentionally left blank to avoid color bleeding.

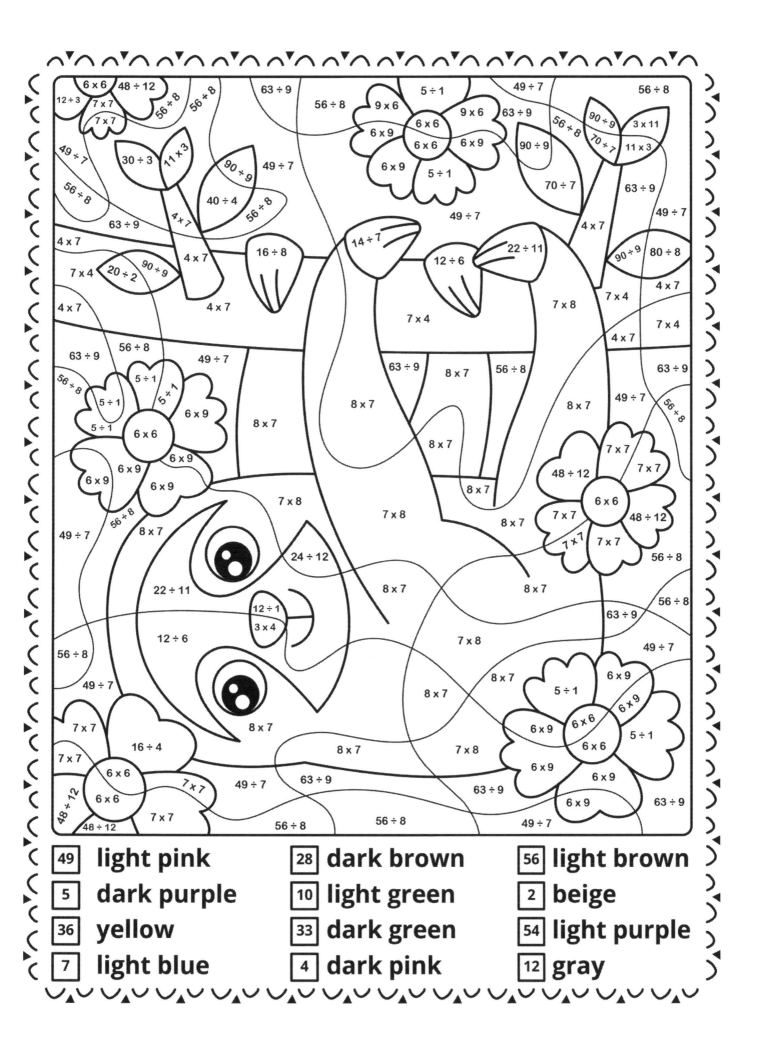

49	light pink	28	dark brown	56	light brown
5	dark purple	10	light green	2	beige
36	yellow	33	dark green	54	light purple
7	light blue	4	dark pink	12	gray

This page is intentionally left blank to avoid color bleeding.

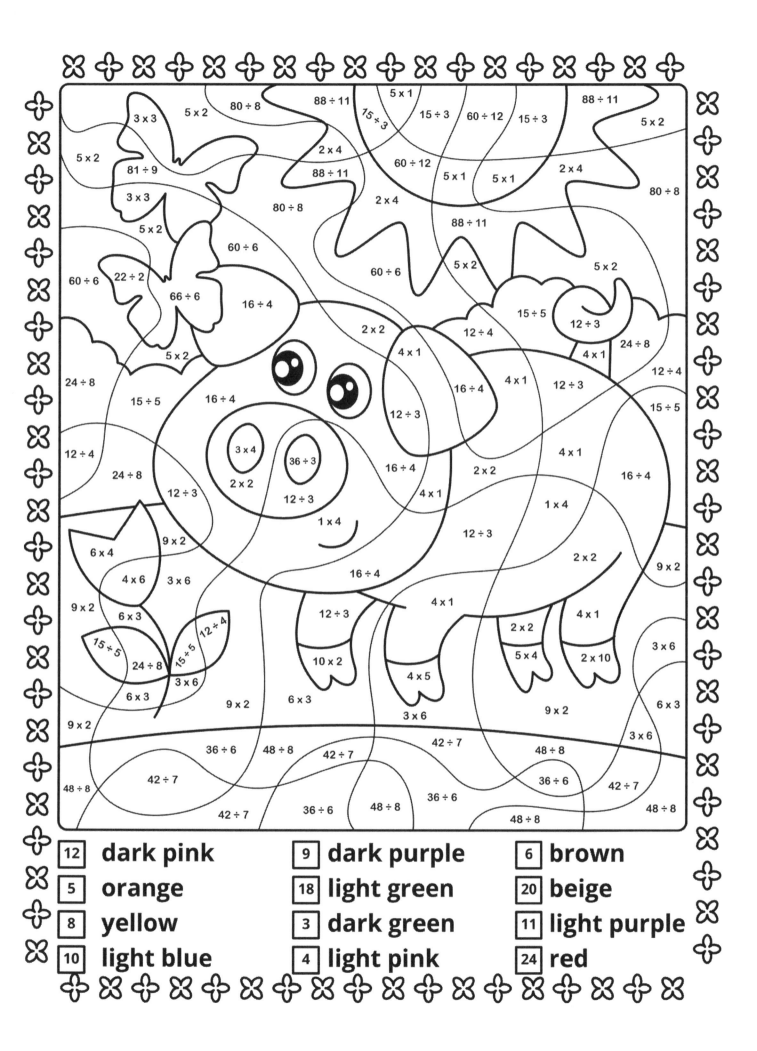

This page is intentionally left blank to avoid color bleeding.

This page is intentionally left blank to avoid color bleeding.

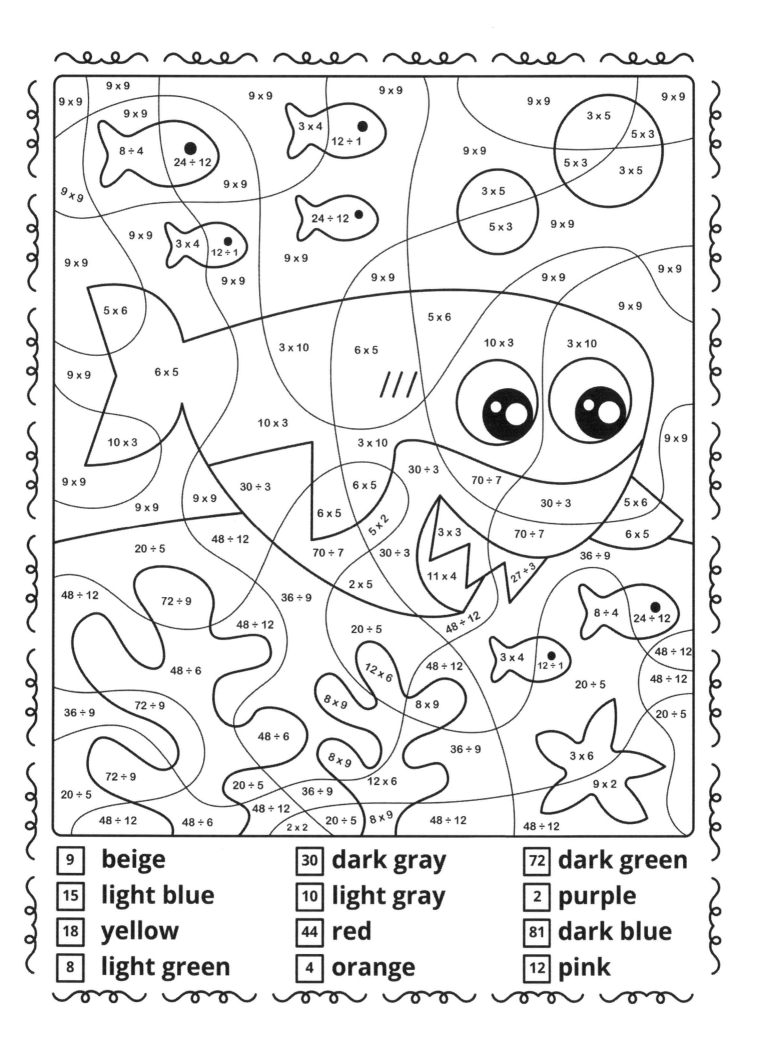

This page is intentionally left blank to avoid color bleeding.

This page is intentionally left blank to avoid color bleeding.

Buffer paper

Please cut and use between pages when you color
with any ink that may cause bleeding.

This Page is Intentionally Left Blank.

Buffer paper

Please cut and use between pages when you color
with any ink that may cause bleeding.

This Page is Intentionally Left Blank.

Scan for the colored version

Made in the USA
Columbia, SC
16 July 2024

38694601R10050